Primera edición: Septiembre de 2024

Copyright © 2024 Fady Saab

Todos los derechos reservados Bajo las sanciones establecidas en el ordenamiento jurídico, queda rigurosamente prohibida, sin autorización escrita del titular del copyright, la reproducción total o parcial de esta obra por cualquier medio o procedimiento, comprendidos La reprografía y el tratamiento informático.

Ley 1: La Ley del Ahorro Inteligente 4
Ley 2: Inversión Proactiva 10
Ley 3: Diversificación Financiera 15
Ley 4: Mente de Crecimiento 20
Ley 5: El Valor del Tiempo 26
Ley 6: Automatización del Dinero 30
Ley 7: La Ley de la Generosidad: Dar para Recibir
Abundancia 38
Ley 9: Red de Contactos Poderosa: El Valor de las
Relaciones Estratégicas 56
Ley 10: Persistencia y Paciencia: La Clave para una Riqueza
Duradera 64

¿Qué es lo que realmente te separa de las personas que han logrado dominar sus finanzas y construir vidas de abundancia?

Si piensas que la diferencia está en la suerte, en las conexiones o en alguna habilidad innata, estás equivocado. La verdadera diferencia radica en algo mucho más poderoso: <u>la mentalidad y la comprensión de las leyes universales</u> que gobiernan la creación de riqueza.

Los millonarios y personas de éxito han aprendido a navegar por el mundo financiero aplicando principios que son accesibles para todos, pero que pocos conocen y aplican correctamente. Este libro es tu guía para descubrir esas leyes, entenderlas en profundidad, y lo más importante, aplicarlas para transformar tu realidad financiera.

A lo largo de estas páginas, te revelaré las **10 leyes esenciales** que todo millonario conoce y utiliza, y que, si las sigues con determinación y claridad, podrás cambiar tu vida para siempre. Cada ley está diseñada no solo para abrir tu mente, sino también para darte acciones prácticas que puedes poner en marcha de inmediato. Si estás listo para dejar de luchar con el dinero y comenzar a atraerlo hacia ti, este libro te dará las herramientas para hacerlo.

Ley 1: La Ley del Ahorro Inteligente

"El dinero que ahorras hoy es la semilla de la fortuna que cosecharás mañana."

La diferencia entre quienes solo sueñan con riqueza y aquellos que la alcanzan radica en cómo entienden y aplican el concepto de ahorro. No se trata simplemente de guardar lo que te sobra, sino de tener una estrategia clara para multiplicar ese dinero de manera inteligente. Los millonarios no ven el ahorro como una acción estática, sino como un motor de crecimiento.

Aquí está la clave: no se trata de cuánto ganas, sino de cómo manejas lo que ya tienes. Imagina a una persona que gana $5,000 mensuales pero vive al límite, gastando casi todo. Ahora, imagina a otra persona que gana $2,500 pero ahorra el 20% mensualmente y lo invierte de manera inteligente. ¿Quién crees que será más rico en 10 años? Las cifras no mienten.

La regla 20/80 de los millonarios:

De acuerdo con un estudio de Fidelity, el 88% de los millonarios son autodidactas. Comenzaron con un ingreso promedio, pero lo que los diferenció fue su capacidad de ahorrar e invertir inteligentemente. Aplican lo que se llama la regla 20/80: El 20% de lo que ganan es responsable del 80% de su crecimiento de riqueza.

Esto significa que si hoy puedes ahorrar el 20% de tus ingresos y colocarlo en una inversión que te dé un retorno promedio del 8% anual (una meta alcanzable en muchos fondos de inversión), tu dinero se duplicará aproximadamente cada 9 años, gracias al poder del interés compuesto.

Cómo aplicar la Ley del Ahorro Inteligente:

1. **Cambia tu mentalidad: El ahorro no es sacrificio, es inversión.**
   Piensa en cada dólar que ahorras no como dinero que sacrificas hoy, sino como un activo que te está acercando más a tu libertad financiera. El dinero ahorrado es dinero invertido en tu futuro.

2. **Haz números: Cada dólar cuenta.**
   Si comienzas a ahorrar $500 mensuales a partir de hoy e inviertes ese dinero en un fondo que te ofrezca un retorno promedio del 8%, en 20 años tendrás más de $300,000. Si logras ahorrar $1,000 al mes, estarías superando el medio millón de dólares. Esto no es especulación, es matemática pura.

3. **Ahorra con propósito.**
No ahorres por ahorrar, define metas claras. ¿Quieres invertir en un negocio, adquirir bienes raíces, o crear un fondo de retiro? La claridad es poder. Los millonarios ahorran sabiendo exactamente hacia dónde van a dirigir ese dinero.

4. **Elige vehículos de inversión adecuados.**
Los millonarios saben que tener dinero en una cuenta de ahorro con bajos intereses es prácticamente igual a perder dinero. Invierten en vehículos que generen ingresos pasivos: fondos indexados, bienes raíces, o acciones de empresas con crecimiento sólido. Si inviertes en un fondo que te da un retorno promedio del 8% anual, estarás maximizando el crecimiento de tu capital.

5. **Evita las trampas del gasto innecesario.**
Las compras impulsivas y los gastos superfluos son enemigos del crecimiento financiero. Los millonarios analizan cada gasto y deciden si realmente agrega valor a su vida o si es simplemente una gratificación momentánea. Desarrolla el hábito de cuestionar tus gastos: ¿Este gasto me acerca a mi objetivo financiero o me aleja de él?

La Ley del Ahorro Inteligente en acción:

Tomemos el caso de Ana, quien a los 30 años ganaba un salario anual de $40,000. A diferencia de sus colegas que gastaban la mayoría de sus ingresos, Ana aplicó la Ley del Ahorro Inteligente y decidió ahorrar el 20% de sus ingresos mensuales: $667. Al final del primer año, había acumulado $8,000, los cuales invirtió en un fondo indexado con un retorno promedio anual del 7%.

Al cabo de 10 años, Ana tenía más de $100,000 invertidos y generando ingresos adicionales por medio del interés compuesto. A los 50 años, su patrimonio había crecido a más de $500,000, y gracias a sus decisiones inteligentes, estaba camino a la libertad financiera. Todo empezó con ese pequeño, pero crucial paso de ahorrar con propósito y hacerlo trabajar para ella.

Recuerda: no se trata de cuánto ganas, sino de cómo manejas lo que ya tienes. El dinero que no inviertes hoy es una oportunidad perdida de hacer crecer tu patrimonio.

Ejercicio práctico para aplicar la Ley del Ahorro Inteligente:

- **Paso 1:** Calcula tu ingreso mensual neto.

- **Paso 2:** Define un porcentaje de ahorro. Si puedes empezar con un 10%, hazlo. Idealmente, apunta al 20% o más.

- **Paso 3:** Establece una meta clara para ese ahorro. ¿Es para invertir en acciones, un fondo o bienes raíces? Anota tu objetivo.

- **Paso 4:** Abre una cuenta de inversión. Si no estás familiarizado, comienza con fondos indexados o consulta a un asesor financiero.

- **Paso 5:** Programa una transferencia automática para que ese porcentaje de ahorro se destine directamente a tu inversión cada mes.

El poder del interés compuesto

Un dato que cambia la perspectiva es que, por cada $1,000 que inviertes a una tasa del 8%, en 30 años se convertirá en $10,000. Si lo dejas ahí durante 40 años, será $21,000. Esta es la magia del interés compuesto. Al aplicar la Ley del Ahorro Inteligente, estás sembrando las semillas para una cosecha financiera increíble.

Ley 2: Inversión Proactiva

"El dinero que no se mueve, pierde su poder."

Una de las diferencias clave entre las personas que logran una vida de abundancia financiera y aquellas que se mantienen en la mediocridad es cómo usan su dinero. Ahorrar es un buen primer paso, pero dejar el dinero acumulado en una cuenta bancaria no genera riqueza, invertirlo es lo que realmente multiplica tus recursos.

La inversión proactiva es el arte de hacer que tu dinero trabaje por ti. Los millonarios entienden que la inversión es el verdadero motor del crecimiento financiero. No se trata solo de ganar más dinero, sino de hacer que el dinero que ya tienes genere más.

Por qué invertir temprano es clave:

El tiempo es uno de los factores más poderosos a la hora de invertir. Gracias al interés compuesto, el dinero que inviertes hoy tiene el potencial de multiplicarse enormemente con el paso de los años. Por ejemplo, si inviertes $1,000 a una tasa de retorno del 7% anual, en 10 años tendrás aproximadamente $1,967. Sin embargo, en 30 años esa misma inversión crecería a más de $7,600.

Cuanto antes comiences a invertir, más tiempo le das a tu dinero para crecer.

Los 3 pilares de la inversión proactiva:

1. **Educación Financiera Continua**
   No puedes invertir en lo que no entiendes. Los millonarios invierten en su conocimiento antes de poner su dinero en cualquier activo. Aprenden sobre diferentes tipos de inversiones: acciones, bienes raíces, negocios, criptomonedas, entre otros. Tomarse el tiempo para estudiar los fundamentos y riesgos de cada opción es lo que te permitirá tomar decisiones inteligentes.

2. **Diversificación Inteligente**
   No pongas todos tus huevos en la misma canasta. Un inversionista proactivo sabe que **diversificar** es clave para protegerse contra las fluctuaciones del mercado. Si bien las inversiones de alto riesgo pueden generar grandes retornos, también pueden tener grandes pérdidas. Los millonarios construyen un portafolio equilibrado que incluye diferentes tipos de activos, distribuyendo el riesgo de manera efectiva.

3. **Acción Consistente y Oportunista**
   Las oportunidades de inversión no siempre llegan cuando estás listo; por eso, tienes que estar preparado para actuar cuando surgen. Sin embargo, la consistencia es clave. Los millonarios invierten de manera constante, incluso en pequeñas cantidades, sin esperar el "momento perfecto". <u>El mejor momento para invertir fue ayer, el segundo mejor momento es hoy.</u>

Ejemplo real de inversión proactiva:

Sara, una joven emprendedora de 26 años, entendió desde temprana edad que el ahorro por sí solo no le permitiría alcanzar sus metas financieras. Comenzó invirtiendo una pequeña cantidad en un fondo de índice de bajo costo y, a medida que fue adquiriendo más conocimientos, diversificó su portafolio con inversiones en bienes raíces y acciones tecnológicas. A los 35 años, Sara había multiplicado su patrimonio, y su portafolio de inversiones le generaba un ingreso pasivo mensual que le permitía enfocarse en sus pasiones sin depender de un empleo tradicional.

Sara no esperó a tener grandes sumas para invertir; lo hizo con lo que tenía y lo fue incrementando con el tiempo. **Su secreto fue la inversión proactiva y constante**.

Cómo empezar con la Inversión Proactiva:

1. **Educa tu mente antes que tu dinero:** Dedica tiempo a leer libros sobre finanzas, escucha podcasts de inversores exitosos y realiza cursos en línea. Entiende lo básico de cada tipo de inversión antes de poner tu dinero en riesgo. No se trata de saberlo todo, pero sí de saber lo suficiente para sentirte cómodo tomando decisiones financieras.

2. **Comienza con lo que tienes:** No necesitas grandes sumas de dinero para empezar a invertir. Muchas plataformas de inversión te permiten comenzar con tan solo $100. La clave es la consistencia. Si inviertes pequeñas cantidades de manera regular, los resultados serán sorprendentes a largo plazo.

3. **Diversifica:** No coloques todo tu dinero en una sola inversión. Elige diferentes áreas para distribuir tu capital y reduce el riesgo. Una estrategia común es tener una parte de tus inversiones en acciones, otra en bienes raíces, y otra en inversiones alternativas, como criptomonedas o negocios emergentes.

Acción práctica: Crear tu plan de inversión inicial:

- **Paso 1:** Evalúa cuánto puedes permitirte invertir cada mes sin afectar tus gastos esenciales.

- **Paso 2:** Investiga sobre plataformas accesibles para tu nivel de capital y selecciona una que te permita diversificar tus inversiones.

- **Paso 3:** Comienza hoy mismo con una pequeña cantidad. Recuerda que la consistencia es más importante que la cantidad inicial. A medida que aumenten tus ingresos, podrás aumentar también tu capacidad de inversión.

La clave está en actuar

Invertir proactivamente te permitirá multiplicar tus recursos y protegerte contra los cambios económicos. Los millonarios entienden que el dinero guardado es dinero que pierde valor con el tiempo. Por eso, lo invierten para que crezca y les brinde oportunidades de mayor libertad financiera.

La riqueza no llega por casualidad; llega a quienes actúan. Ahora, la pregunta es: ¿Estás listo para hacer que tu dinero trabaje para ti?

Ley 3: Diversificación Financiera

"No pongas todos los huevos en una sola canasta."

Uno de los principios fundamentales que rigen el éxito financiero es la **diversificación**. La mayoría de las personas que luchan financieramente tienden a depender de una única fuente de ingresos o una sola inversión. En cambio, los millonarios entienden que la clave para proteger y hacer crecer su riqueza está en la capacidad de distribuir sus recursos de manera inteligente a través de múltiples fuentes.

¿Qué es la diversificación y por qué es crucial?

La diversificación consiste en distribuir tu dinero y tus inversiones en diferentes sectores, industrias o tipos de activos para reducir el riesgo. La lógica es simple: si una inversión falla o una industria enfrenta dificultades, las otras pueden seguir generando ingresos y evitar una pérdida total.

Piensa en la crisis financiera del 2008. Muchas personas que tenían todo su dinero invertido en bienes raíces lo perdieron todo. Por el contrario, quienes habían diversificado su cartera de inversiones, colocando su dinero en acciones, bonos y otros activos, lograron capear la tormenta mucho mejor.

<u>Diversificar no solo reduce el riesgo, sino que aumenta tus oportunidades de crecimiento.</u>

3 Estrategias de Diversificación Financiera que los Ricos Utilizan:

1. **Diversificación entre diferentes tipos de activos**
   Los ricos no solo invierten en una clase de activo. Dividen su riqueza en **inversiones inmobiliarias**, **acciones**, **bonos**, **empresas privadas** y otros vehículos de inversión. De esta manera, si uno de estos sectores sufre una caída, sus otros activos pueden seguir generando ingresos.

2. **Diversificación en sectores e industrias**
   Además de diversificar entre tipos de activos, también invierten en múltiples sectores de la economía. Esto incluye tecnología, salud, energía, bienes raíces, entre otros. El mundo financiero es volátil, y algunos sectores pueden prosperar mientras otros se debilitan. Los ricos apuestan a varios para estar siempre cubiertos.

3. **Generar múltiples fuentes de ingresos**
   Los millonarios entienden que no pueden depender únicamente de una fuente de ingresos. Además de su empleo o negocio principal, buscan generar ingresos

pasivos a través de inversiones, alquiler de propiedades, dividendos y regalías. Cuantas más fuentes de ingresos tengas, menos vulnerable serás ante cualquier imprevisto financiero.

Ejemplo práctico de Diversificación Financiera:

Carlos, un joven emprendedor, decidió apostar todo en su negocio de ventas en línea. Durante los primeros años, todo iba bien, pero cuando una crisis económica golpeó, su negocio comenzó a tambalearse. Aprendiendo de la situación, Carlos decidió estudiar los principios de la **PNL** y diversificar sus finanzas. Empezó invirtiendo en bienes raíces, acciones y comprando franquicias pequeñas que le proporcionaban ingresos adicionales. Hoy, su flujo de ingresos no depende solo de su negocio original, y su estabilidad financiera ha mejorado exponencialmente.

Cómo empezar a diversificar tus finanzas hoy mismo:

1. **Analiza tus activos actuales:** ¿Dónde tienes invertido tu dinero ahora? Si todo está en un solo lugar, es hora de pensar en diversificar. Si aún no tienes inversiones, comienza con pequeñas cantidades en plataformas accesibles de inversión que ofrezcan diversificación automática, como fondos indexados o fondos de inversión.

2. **Busca nuevas fuentes de ingresos:**
   ¿Qué habilidades o conocimientos tienes que podrías monetizar? Piensa en comenzar un pequeño negocio paralelo, invertir en bienes raíces o estudiar cómo obtener ingresos pasivos a través de regalías, inversiones o alquileres.
3. **No pongas todos tus ahorros en una sola industria o activo:**
   Si decides invertir en acciones, no compres solo en tecnología o bienes raíces. Asegúrate de repartir tu dinero entre varios sectores.

Ejercicio práctico: Plan de Diversificación

1. **Escribe todas tus fuentes de ingresos actuales:**
   ¿Provienen solo de tu empleo? ¿Tienes inversiones? ¿Algún ingreso pasivo?

2. **Investiga oportunidades de diversificación:**
   Dedica una semana a investigar sobre diferentes clases de activos (inmuebles, bonos, acciones, etc.) y sectores industriales. Anota cuáles te interesan y por qué.

3. **Crea un plan de acción:** Decide cómo empezarás a diversificar. Puede ser abrir una cuenta de inversión o investigar sobre un nuevo negocio. No importa cuán pequeño sea el primer paso, lo importante es empezar a distribuir tu riesgo.

La clave de la estabilidad

La diversificación no solo protege tu riqueza, sino que aumenta tus oportunidades de crecimiento. La mayoría de los millonarios no llegaron a serlo confiando en una sola fuente de ingresos o una sola inversión. Al diversificar, puedes estar seguro de que tus finanzas estarán protegidas ante cualquier situación, mientras continúas generando nuevas oportunidades de éxito.

Ley 4: Mente de Crecimiento

"El éxito no llega a los que se conforman, sino a los que buscan aprender y crecer constantemente."

Una de las diferencias clave entre quienes logran el éxito financiero y quienes no, es la mentalidad. Mientras que algunos piensan que ya lo saben todo o que sus habilidades son limitadas, los verdaderamente exitosos creen en el crecimiento constante. Tienen lo que llamamos una mente de crecimiento, y esta mentalidad es lo que les permite seguir aprendiendo, adaptándose y evolucionando.

¿Qué es la mente de crecimiento?

La mente de crecimiento, un término acuñado por la psicóloga Carol Dweck, es la creencia de que nuestras habilidades, inteligencia y talentos no son fijos, sino que pueden desarrollarse con esfuerzo, aprendizaje y perseverancia. En términos financieros, las personas con una mentalidad de crecimiento entienden que su capacidad para generar riqueza no está limitada por su situación actual, sino que puede ampliarse a través del conocimiento y la experiencia.

La importancia de la educación financiera continua

Uno de los mayores errores que la mayoría de las personas comete es pensar que una vez que tienen un trabajo o una fuente de ingresos estable, ya no necesitan aprender más. Sin embargo, la educación financiera es un proceso continuo. Las reglas del juego cambian constantemente: nuevos mercados emergen, las tecnologías se transforman, y las oportunidades de inversión evolucionan.

Si no te mantienes actualizado y sigues aprendiendo, te quedarás rezagado. Los millonarios, por otro lado, tienen un compromiso constante con la educación. Invierten en cursos, libros, seminarios y mentorías para mejorar sus habilidades y mantenerse al día con las últimas tendencias del mercado.

¿Cómo desarrollar una mente de crecimiento para el éxito financiero?

1. **Acepta que siempre puedes aprender más**
   Tener una mente de crecimiento significa reconocer que no lo sabes todo y que siempre hay espacio para mejorar. Nadie nace sabiendo sobre finanzas, inversiones o emprendimiento. Todos empezamos en el mismo lugar, pero aquellos que tienen una mente de crecimiento entienden que cada día ofrece una oportunidad para aprender algo nuevo.

2. **Invierte en tu educación financiera**
Los millonarios invierten en su conocimiento. Si quieres alcanzar el éxito financiero, debes hacer lo mismo. Esto puede significar leer libros sobre inversiones, asistir a conferencias, tomar cursos online o incluso buscar un mentor que ya haya recorrido el camino que tú deseas seguir. Cada nuevo conocimiento que adquieres se convierte en una herramienta más para construir tu futuro financiero.

3. **Abraza los errores como oportunidades de crecimiento**
Una de las características clave de una mente de crecimiento es la capacidad de ver los errores y fracasos no como derrotas, sino como lecciones. Cada error financiero, cada inversión fallida o negocio que no funcionó, es una oportunidad para aprender qué salió mal y cómo mejorar en el futuro. Los millonarios ven el fracaso como una parte inevitable y valiosa del camino hacia el éxito.

Ejemplo práctico: El camino de aprendizaje de Marta

Marta, una joven empresaria, siempre había creído que sus habilidades eran limitadas. Después de fracasar en varios emprendimientos, pensó que el éxito no era para ella. Sin embargo, un día descubrió el concepto de la mente de crecimiento y decidió cambiar su enfoque. Comenzó a leer libros sobre finanzas y emprendimiento, se inscribió en cursos de inversión y buscó la ayuda de un mentor experimentado. A medida que iba adquiriendo más conocimientos, empezó a tomar decisiones más informadas y seguras. Hoy, Marta es dueña de varias empresas exitosas y continúa invirtiendo en su educación para seguir creciendo.

3 formas clave de nutrir una mente de crecimiento para tu éxito financiero:

1. **Lee y aprende todos los días**
   Los millonarios exitosos dedican tiempo diariamente a leer. Desde libros de desarrollo personal y finanzas hasta biografías de personas exitosas, la lectura constante les permite expandir su conocimiento y descubrir nuevas oportunidades. Si puedes leer al menos 30 minutos al día sobre temas que mejoran tu educación financiera, estarás invirtiendo directamente en tu futuro.

2. **Rodéate de personas que te impulsen a crecer**
   Tu entorno tiene un impacto significativo en tu crecimiento. Rodéate de personas que te desafíen a ser mejor, que te inspiren y que también valoren la educación y el crecimiento. Un círculo social que comparta tus objetivos de mejora personal y financiera puede ser la clave para acelerar tu éxito.

3. **Practica el pensamiento crítico**
   Cuestiona todo lo que escuchas y aprendes. Las personas con una mente de crecimiento no aceptan las cosas por lo que son, sino que buscan entender por qué funcionan. Esto es particularmente importante en el mundo de las finanzas. Antes de hacer una inversión o tomar una decisión financiera, investiga, cuestiona y evalúa las posibles consecuencias.

Ejercicio práctico: Plan para una mente de crecimiento

1. **Haz una lista de 5 libros de finanzas o desarrollo personal que planeas leer este año.** No es necesario que leas todos los libros de inmediato, pero tener una lista de lectura te ayudará a mantenerte enfocado en tu crecimiento.

2. **Identifica a una persona o mentor que admires por su éxito financiero.** Contacta a esa persona y busca aprender de su experiencia, ya sea a través de una conversación, una entrevista o sus propios contenidos.

3. **Cada vez que cometas un error financiero, anota qué aprendiste.**
   Reflexiona sobre tus fracasos y busca patrones que puedas corregir. Este proceso te ayudará a evitar cometer los mismos errores en el futuro y a mejorar tus decisiones.

La educación como el camino hacia la riqueza

La clave del éxito financiero no radica solo en ganar dinero, sino en aprender cómo manejarlo, invertirlo y hacerlo crecer. Una mente de crecimiento te permitirá mantenerte en constante evolución, adaptarte a los cambios y estar siempre un paso adelante. El aprendizaje continuo no es opcional; es una necesidad para aquellos que aspiran a vivir una vida de abundancia y prosperidad.

Ley 5: El Valor del Tiempo

"El tiempo es gratis, pero no tiene precio. No puedes poseerlo, pero puedes usarlo. No puedes conservarlo, pero puedes gastarlo. Una vez que lo has perdido, nunca podrás recuperarlo"

El tiempo es el único recurso que no podemos recuperar. Mientras que el dinero puede ganarse y perderse, el tiempo, una vez pasado, se ha ido para siempre. Los millonarios lo entienden de una manera que pocos hacen: valoran cada segundo y toman decisiones basadas en el retorno que les ofrecerá cada unidad de tiempo invertida. Esta es una de las claves más poderosas en el camino hacia la riqueza.

¿Por qué el tiempo es tan valioso?

Imagina que tu tiempo es como el dinero en una cuenta bancaria. Todos los días recibes una cantidad fija de 24 horas y cómo utilices ese "saldo" determinará tu éxito. Las personas que han logrado grandes cosas entienden esto a la perfección, y por eso maximizan su tiempo para obtener el mayor valor posible de cada día.

La mayoría de las personas caen en la trampa de intercambiar su tiempo por dinero en actividades que, a largo plazo, no los acercan a sus metas. Sin embargo, los millonarios piensan de manera diferente. Ellos ven el tiempo como una inversión en sí misma y lo utilizan estratégicamente en actividades que generan resultados exponenciales.

Cómo los millonarios gestionan su tiempo

Los millonarios no trabajan más horas que los demás, pero sí trabajan de manera más inteligente. Siguen principios clave como:

Delegar tareas: No intentan hacerlo todo. Identifican las actividades que no son críticas y las delegan a otros, permitiéndoles enfocarse en tareas de mayor valor.

Invertir tiempo en crear sistemas: En lugar de trabajar manualmente en cada aspecto de su negocio, los millonarios invierten tiempo al principio para crear sistemas automáticos que generen ingresos de manera constante.

Priorizar lo importante sobre lo urgente: La mayoría de las personas viven apagando "fuegos", atendiendo lo urgente pero no lo importante. Los millonarios identifican sus prioridades y se aseguran de que el grueso de su tiempo esté dedicado a actividades de alto impacto que generen grandes resultados a largo plazo.

El principio del 80/20

Un concepto que muchos millonarios aplican es el Principio de Pareto o la regla del 80/20, que dice que el 20% de nuestras acciones generan el 80% de los resultados.

Aplicando esta regla, los millonarios invierten su tiempo en las pocas actividades que generan los mayores beneficios, ignorando aquellas que solo producen pequeños resultados.

Ejemplo práctico:

Tomemos como ejemplo a un emprendedor que quiere crecer su negocio. En lugar de gastar su tiempo en tareas administrativas o lidiando con pequeños detalles, invierte su tiempo en construir relaciones clave, cerrar grandes acuerdos y desarrollar productos innovadores. Mientras que otros se enfocan en tareas pequeñas, él se enfoca en acciones que multiplican su impacto.

Cómo puedes aplicar esta ley

Empieza por analizar cómo estás utilizando tu tiempo. ¿Estás dedicando la mayor parte de tu jornada a tareas que realmente te acercan a tus objetivos financieros y personales? Si no es así, es hora de hacer ajustes. Aquí tienes algunas estrategias prácticas para empezar:

1. **Haz una auditoría de tu tiempo**: Durante una semana, lleva un registro detallado de cómo gastas cada hora de tu día. Al final de la semana, revisa tus registros y clasifica las actividades en función de su valor.
2. **Prioriza las tareas de mayor impacto**: Una vez que hayas identificado las actividades más

importantes, asegúrate de que estén siempre en la parte superior de tu lista de prioridades.
3. **Aprende a decir no**: Proteger tu tiempo es vital. No tengas miedo de rechazar compromisos que no contribuyan a tus metas a largo plazo.
4. **Invierte en tu desarrollo**: Si el tiempo es tu recurso más valioso, entonces invertir parte de él en mejorar tus habilidades y conocimientos es una de las mejores decisiones que puedes tomar. Lee, asiste a seminarios y rodéate de personas que te inspiren a crecer.

El tiempo es el bien más escaso y más valioso que tienes. Si lo gestionas correctamente, puedes acelerar tu éxito financiero. Cada día cuenta, y aquellos que comprenden esta verdad viven su vida de manera más consciente y estratégica. Recuerda: no se trata solo de cuánto tiempo tienes, sino de cómo lo utilizas.

Ley 6: Automatización del Dinero

"Haz que cada moneda trabaje para ti, y el ciclo de la riqueza nunca se detendrá."

Uno de los principios más antiguos y fundamentales para construir riqueza es hacer que el dinero trabaje para ti, no al revés. Este concepto fue ejemplificado en los relatos de "El Hombre más Rico de Babilonia", donde las monedas no se guardaban sin propósito, sino que eran puestas a trabajar, generando rendimientos y multiplicándose con el tiempo.

De la misma manera, los ricos modernos han adoptado un enfoque similar a través de la automatización financiera. Desde los ahorros hasta las inversiones, han configurado sistemas que operan por sí mismos, asegurando que su riqueza crezca de manera constante, sin necesidad de intervención diaria.

El ciclo del dinero: De siervo a maestro

En la antigua Babilonia, Arkad, el hombre más rico de la ciudad, comprendió el poder de dejar que el dinero creciera mientras él dormía. A sus discípulos les dijo: "Haz que cada moneda trabaje por ti, y algún día te devolverá con intereses, igual que un buen siervo que te sirve sin descanso." Este principio es tan relevante hoy como lo fue hace miles de años.

El dinero automatizado no solo trabaja sin interrupciones, sino que, al ser reinvertido continuamente, crea un ciclo de crecimiento exponencial. El objetivo no es simplemente ganar dinero, sino crear un sistema que lo mantenga en movimiento, multiplicándose por sí mismo.

¿Por qué los ricos automatizan sus finanzas?

Los ricos automatizan sus finanzas por varias razones clave, todas ellas basadas en el principio de que su tiempo es más valioso que el dinero. Al automatizar, eliminan las pequeñas decisiones diarias que consumen tiempo, reducen el riesgo de errores humanos, y permiten que sus finanzas crezcan de manera constante y predecible.

3 áreas principales donde los ricos automatizan su dinero:

1. **Ahorro Automático: El Primer Siervo**
En Babilonia, Arkad enseñaba que la primera regla de la riqueza era "guardarse una parte de todas las ganancias". Hoy en día, los ricos no dependen de su fuerza de voluntad para ahorrar. Configuran transferencias automáticas de una parte fija de sus ingresos hacia cuentas de ahorro o inversión, asegurándose de que siempre estén aumentando su riqueza. Este enfoque elimina la tentación de gastar antes de ahorrar.

Ejemplo moderno: Si recibes un salario mensual, puedes automatizar una transferencia del 20% hacia una cuenta de inversión en cuanto te depositen tu sueldo. Al hacerlo, te estás pagando a ti mismo primero, sin siquiera pensar en ello, lo que garantiza que siempre estarás construyendo riqueza.

2. **Inversiones Periódicas: Creando una Legión de Sirvientes**

    Arkad aconsejaba reinvertir las ganancias para que "los hijos de tu oro también te sirvan." Los ricos hoy aplican el mismo principio a través de la inversión automatizada. No buscan el "momento perfecto" para invertir, sino que configuran aportaciones periódicas a fondos de inversión o acciones, aprovechando el poder del interés compuesto. Con el tiempo, estas inversiones generan más dinero, que a su vez se reinvierte, creando un ciclo imparable de acumulación de riqueza.

Ejemplo práctico: Si tienes $500 mensuales que puedes invertir, configurarlos para ser depositados automáticamente en un fondo de inversión indexado. Así, estarás acumulando activos sin necesidad de seguimiento constante, lo que a largo plazo se traduce en mayores retornos.

3. **Pago de Deudas: Liberando el Potencial de tu Riqueza**

Arkad también hablaba del peligro de las deudas, que pueden convertirse en una "bestia que devora tu oro". Los ricos no permiten que las deudas les frenen; en su lugar, automatizan los pagos para eliminarlas sin esfuerzo, reduciendo intereses y liberando recursos para otras inversiones. Una vez que sus deudas están bajo control, pueden dirigir ese dinero hacia la creación de más riqueza.

Ejemplo moderno: Configura pagos automáticos de tus deudas mensuales, especialmente en tarjetas de crédito o préstamos con intereses altos. Esto no solo te permite evitar pagos atrasados, sino que también reduce el monto de los intereses acumulados, liberando así dinero que puedes redirigir a ahorros o inversiones.

El poder del interés compuesto: Haciendo que tus monedas tengan hijos

Albert Einstein una vez llamó al interés compuesto la "fuerza más poderosa del universo". Es el mismo principio que Arkad enseñaba cuando decía que tu dinero, bien invertido, "crea más dinero", el cual a su vez genera aún más.

La automatización de las finanzas permite aprovechar este principio sin tener que estar pendiente de cada decisión. Una vez que configuras tus aportaciones automáticas a inversiones de bajo costo, como fondos indexados o cuentas de alto rendimiento, el dinero comienza a crecer de manera exponencial.

Ejemplo clásico: Si comienzas invirtiendo $500 al mes en un fondo indexado que te ofrece un 8% de retorno anual, en 20 años habrás acumulado más de $300,000. No porque hayas hecho algo diferente cada mes, sino porque tu dinero ha estado trabajando para ti, generando ingresos adicionales con el tiempo.

Automatiza tus finanzas, libera tu vida

La verdadera libertad financiera llega cuando tus ingresos ya no dependen de tu esfuerzo diario. Automatizar tus finanzas te permite crear un sistema en el que el dinero fluye de manera constante y predecible, sin que tengas que tomar decisiones impulsivas o preocupaciones diarias.

La automatización financiera no solo simplifica tu vida, sino que también protege tu dinero de ti mismo. Los ricos saben que uno de los mayores obstáculos para la acumulación de riqueza es la emoción humana: gastar impulsivamente, invertir en el momento incorrecto, o acumular deudas. Al automatizar, eliminan esos riesgos y permiten que sus sistemas financieros funcionen por ellos, sin distracciones.

Ejercicio práctico: Configura tu propio sistema financiero automatizado

1. **Automatiza tus ahorros**
   Establece una cuenta de ahorros separada y programa transferencias automáticas del 15-20% de tus ingresos a esa cuenta cada vez que recibas un pago. Esta es tu primera línea de defensa contra la tentación de gastar más de lo que ganas.
2. **Inversiones periódicas automáticas**
   Si tienes acceso a un fondo de inversión o una plataforma de inversión digital, configura una aportación automática. Incluso si es una pequeña cantidad, la consistencia es clave. Con el tiempo, estas pequeñas inversiones se multiplicarán.
3. **Automatiza el pago de tus deudas**
   Si tienes deudas pendientes, configura pagos automáticos de tus préstamos o tarjetas de crédito. Esto no solo te asegura que evitarás retrasos, sino que también reducirá los intereses que pagas, liberando recursos para inversiones futuras.

Ejemplo: La historia de Roberto y su éxito financiero a través de la automatización

Roberto trabajaba como consultor financiero, pero siempre tenía dificultades para controlar sus gastos. Un día decidió que era el momento de actuar y comenzó a automatizar sus finanzas. Configuró un 20% de su salario para ser transferido automáticamente a una cuenta de inversión de bajo costo, y programó pagos automáticos para liquidar sus tarjetas de crédito.

Cinco años después, no solo había liquidado todas sus deudas, sino que su fondo de inversión había crecido a más de $100,000. Ahora, Roberto utiliza ese dinero para generar aún más ingresos, invirtiendo en bienes raíces y otras oportunidades que antes no hubiera imaginado.

Deja que el dinero trabaje por ti

La automatización del dinero es uno de los secretos clave que los ricos han utilizado durante siglos para generar riqueza. Ya sea en la antigua Babilonia o en el mundo moderno, el principio sigue siendo el mismo: haz que cada moneda trabaje para ti, y pronto tendrás un ejército de siervos financieros trabajando a tu favor. Automatiza hoy tus finanzas, y libérate para construir la vida que realmente deseas.

Ley 7: La Ley de la Generosidad: Dar para Recibir Abundancia

"Aquello que das de corazón, regresa a ti multiplicado. La generosidad no es solo un acto de bondad, es un imán para la abundancia."

En el mundo de las finanzas y el crecimiento personal, a menudo pensamos que la riqueza es algo que debemos acumular y proteger. Sin embargo, uno de los principios más poderosos que los grandes magnates han comprendido a lo largo de la historia es que la generosidad es una de las herramientas más subestimadas para crear oportunidades, abrir puertas, y atraer abundancia.

La Ley de la Generosidad sostiene que cuanto más das, más recibes. Aunque esto pueda sonar contra intuitivo en un mundo donde el dinero se ve como algo que debe guardarse celosamente, las personas más ricas y exitosas del mundo entienden que compartir es un catalizador para el crecimiento exponencial, no solo de su riqueza material, sino también de su riqueza emocional y espiritual (No hablo de religión

¿Por qué los ricos dan?

Es un hecho bien documentado que muchas de las personas más ricas del mundo son también algunas de las más generosas. Warren Buffett, Bill Gates, Oprah Winfrey, y muchos más han destinado gran parte de su riqueza a causas benéficas. Este comportamiento no es accidental ni simplemente altruista; detrás de cada acto de generosidad hay una comprensión profunda del flujo de la abundancia. Estas personas entienden que al dar, crean conexiones, oportunidades y reciben el doble de lo que han ofrecido.

Ejemplo Clásico: En la antigua Babilonia, se contaba la historia de un rico comerciante que siempre destinaba una parte de sus ganancias para ayudar a los necesitados y mejorar su comunidad. Este acto no solo le ganó el respeto de sus conciudadanos, sino que también atrajo más clientes y colaboradores dispuestos a trabajar con alguien que no solo acumulaba riqueza, sino que también compartía sus beneficios. Al dar, estaba construyendo una red de confianza y reciprocidad que continuaba beneficiándolo.

Generosidad como Inversión en Relaciones y Oportunidades

Los ricos no ven la generosidad como una pérdida, sino como una **inversión estratégica**. Al compartir su tiempo, recursos y conocimientos, construyen relaciones fuertes y duraderas que les abren puertas a nuevas oportunidades. A través de la generosidad, crean una red de personas que están dispuestas a devolver favores, a ofrecerles nuevas oportunidades de negocio o a proporcionarles ideas innovadoras.

Ejemplo Moderno: Piensa en el empresario que dona tiempo como mentor para jóvenes emprendedores. Al hacer esto, no solo está ayudando a otros a crecer, sino que también se está rodeando de una nueva generación de innovadores que algún día podrían convertirse en socios o colaboradores clave en futuros proyectos. El simple acto de dar conocimiento se convierte en un retorno infinito de ideas, conexiones y oportunidades.

Generosidad y Abundancia: El Ciclo de Retorno

Cuando hablamos de generosidad, no solo nos referimos a donaciones monetarias. La verdadera riqueza se manifiesta cuando compartes de múltiples maneras: tu tiempo, tu conocimiento, tu energía, y tu gratitud. Este acto de compartir crea un ciclo de abundancia que atrae más oportunidades de las que podrías haber imaginado.

Uno de los principios fundamentales de la **Programación Neurolingüística (PNL)** es que aquello en lo que te enfocas, lo atraes. Si te enfocas en dar y compartir, naturalmente atraerás más de lo mismo: más personas dispuestas a ayudarte, más ideas para generar riqueza, y más oportunidades para crecer.

3 Formas en las que la Generosidad Abre Puertas a la Abundancia:

1. **Generosidad Financiera: El Flujo del Dinero**
   Al donar o compartir tus recursos financieros, envías una señal al universo de que tienes más que suficiente. Esta confianza en la abundancia crea un ciclo de reciprocidad. Aquello que das regresa a ti de maneras que no siempre son obvias, pero que abren nuevas puertas.

   Ejemplo práctico: Oprah Winfrey, una de las mujeres más ricas del mundo, ha dicho en varias ocasiones que gran parte de su éxito se debe a su disposición a compartir su riqueza. A través de su filantropía y apoyo a comunidades, ha construido una red de personas que la apoyan en todos sus emprendimientos.

2. **Generosidad con el Conocimiento: Crear un Legado de Sabiduría**

   Al compartir tus conocimientos y experiencia, no solo ayudas a otros, sino que te posicionas como un líder en tu industria o campo. Cuando enseñas a otros, también profundizas tu propio entendimiento y construyes una reputación que atrae nuevas oportunidades.

   Ejemplo práctico: Richard Branson, fundador del grupo Virgin, siempre ha compartido su experiencia empresarial a través de charlas, mentorías y libros. Al hacerlo, no solo ha ayudado a miles de emprendedores a lanzar sus negocios, sino que también ha atraído a colaboradores de todo el mundo interesados en trabajar con él.

3. **Generosidad en el Tiempo y las Relaciones: Crear Conexiones Genuinas**

   El tiempo es uno de los recursos más valiosos que tenemos. Al ofrecer tu tiempo a otros, ya sea a través del voluntariado, la mentoría o simplemente estando presente para escuchar, creas conexiones profundas que pueden tener un impacto significativo en tu vida personal y profesional. Estas relaciones pueden abrir puertas a nuevas alianzas comerciales, inversiones, o incluso a una vida más equilibrada y plena.

   Ejemplo práctico: Un exitoso empresario dedicaba varias horas al mes para ayudar a pequeños emprendedores a través de una organización local. Aunque lo hacía sin esperar nada a cambio, uno de esos emprendedores terminó invitándolo a participar en un proyecto que resultó ser una de las inversiones más rentables de su vida. La generosidad de su tiempo y consejo se convirtió en una oportunidad inesperada.

La Generosidad y el Dinero: Un Enfoque Práctico

Muchos estudios han demostrado que las personas generosas suelen ser más felices y tener más éxito. Al practicar la generosidad financiera, no solo contribuyes al bienestar de los demás, sino que también reprogramas tu mente para pensar desde la abundancia. Cada vez que das, envías una señal clara de que tienes más que suficiente y que no te falta nada. Esta mentalidad te hace más receptivo a nuevas oportunidades, porque te posiciona como alguien capaz de crear y compartir riqueza, en lugar de solo acumularla.

Un estudio reciente de la Universidad de Harvard encontró que las personas que donan regularmente una parte de sus ingresos, aunque sea una pequeña cantidad, tienden a tener una mayor sensación de bienestar y satisfacción en la vida. Este bienestar genera confianza, y esa confianza, a su vez, atrae más oportunidades para aumentar su riqueza.

Ejercicio Práctico: Cultivar la Generosidad en tu Vida

Este es un ejercicio sencillo para comenzar a aplicar la Ley de la Generosidad en tu vida cotidiana:

1. Elige una causa o persona a la que puedas donar tiempo o dinero. Esto puede ser tan simple como donar una pequeña cantidad a una organización benéfica local o dedicar una hora a la semana para ayudar a un amigo o colega en un proyecto.

2. Haz una lista de lo que puedes compartir que no sea dinero. Esto podría incluir tu conocimiento, tus conexiones, o incluso tu gratitud hacia las personas que te rodean.

3. Reflexiona sobre lo que has recibido en tu vida gracias a la generosidad de los demás. Al reconocer cuánto has recibido, te sentirás más motivado a devolver a los demás.

Dar es Recibir en Grande

La Ley de la Generosidad es una de las leyes fundamentales de la abundancia. Al compartir tu tiempo, tus recursos y tus conocimientos, no solo ayudas a los demás, sino que te posicionas para recibir mucho más de lo que das. La riqueza no es solo una cuestión de acumular, sino de construir un ciclo de abundancia, y la generosidad es la clave para abrir esas puertas. Cuando das desde el corazón, ya sea dinero, tiempo o conocimiento, te conectas con las fuerzas universales de la abundancia, y lo que envías al mundo regresa a ti multiplicado.

Ley 8: Reinvierte en Ti Mismo: El Camino hacia la Verdadera Riqueza

> "El mayor activo que posees eres tú mismo. Cada dólar, minuto y esfuerzo que inviertes en tu desarrollo personal es una inversión con rendimientos infinitos."

En el mundo de las finanzas, es común escuchar la frase: "Pon tu dinero a trabajar para ti." Sin embargo, lo que muchas personas pasan por alto es que la inversión más valiosa que puedes hacer no es en acciones, bienes raíces o negocios, sino en ti mismo. La Ley 8: Reinvierte en Ti Mismo se basa en la idea de que cuanto más te desarrolles como individuo —ya sea en habilidades, conocimientos o bienestar personal—, mayor será tu capacidad de generar ingresos y crear riqueza sostenible a lo largo del tiempo.

El Poder de la Auto inversión

Los millonarios y las personas de éxito no solo invierten en activos externos; ellos invierten continuamente en su propio crecimiento personal. Warren Buffett, por ejemplo, ha señalado en múltiples ocasiones que su mejor inversión no fue en una empresa, sino en el desarrollo de sus habilidades de comunicación. Tomó cursos que le permitieron mejorar su capacidad para expresarse, y ese conocimiento le ha devuelto rendimientos exponenciales.

Piensa en esto: Si llegas a perder todo tu dinero en una quiebra, lo único que no perderás es tu conocimiento y tu capacidad para producir dinero. Por eso los millonarios que lo han perdido todo suelen recuperarse en poco tiempo, porque tienen el conocimiento. En esta era de la información, el activo más valioso que posees es tu conocimiento. Cuanto más inviertes en tu mente, más herramientas tendrás para superar cualquier adversidad.

Áreas Claves para Reinvertir en Ti Mismo

1. **Educación　　　　　　　　　　　　　　　Continua**
   La educación no termina cuando te gradúas. Los individuos de éxito entienden que el aprendizaje es un proceso continuo. A medida que el mundo avanza, nuevas habilidades y conocimientos se vuelven esenciales para mantenerse competitivo y relevante.

Ejemplo práctico: Un estudio de la consultora McKinsey demostró que los trabajadores que invierten en habilidades tecnológicas y adaptativas tienen un 20% más de probabilidades de ascender en sus carreras. ¿La lección aquí? Al actualizar y adquirir constantemente nuevos conocimientos, estás aumentando tu valor en el mercado.

Aplicación práctica: Dedica un porcentaje de tus ingresos anuales —algunos recomiendan entre el 5 y el 10%— para educación, ya sea en forma de cursos en línea, libros, talleres o conferencias. Estos conocimientos te devolverán mucho más de lo que inviertas en ellos.

2. **Desarrollo de Habilidades Financieras**
   Entender cómo funciona el dinero es crucial. La educación financiera es una de las áreas en las que más deberías invertir. Cuanto mejor entiendas cómo ahorrar, invertir y gestionar tus recursos, más oportunidades tendrás de hacer crecer tu riqueza.

Ejemplo práctico: Ray Dalio, fundador de Bridgewater Associates, menciona que el manejo adecuado del dinero y el desarrollo de su inteligencia financiera fueron las piedras angulares de su éxito. Al aprender sobre el comportamiento del mercado y cómo tomar decisiones informadas, aumentó su capacidad para generar ganancias en las inversiones.

Aplicación práctica: Estudia sobre inversiones, economía personal y planificación financiera. Estos temas no solo te ayudarán a manejar mejor tu dinero, sino que también te brindarán la confianza necesaria para aprovechar oportunidades que otros podrían pasar por alto.

3. **Salud Física y Mental**
   De nada sirve ganar dinero si no puedes disfrutarlo debido a una mala salud. Los grandes empresarios y líderes entienden que cuidar de su bienestar es una de las inversiones más importantes que pueden hacer.

Ejemplo práctico: Tony Robbins, uno de los entrenadores más influyentes del mundo, habla constantemente de cómo el cuidado de su salud y energía personal ha sido esencial para mantener su éxito en los negocios. Si no estás físicamente bien, no puedes rendir al máximo.

Aplicación práctica: Invierte en una buena alimentación, ejercicio físico regular y tiempo para el descanso mental. Esto te permitirá mantener la claridad, la energía y el enfoque necesarios para tomar decisiones importantes.

4. **Desarrollo de Habilidades Interpersonales**
   Las personas exitosas no logran sus metas aislándose. Invierten en desarrollar relaciones valiosas y en mejorar sus habilidades de comunicación y liderazgo. La capacidad de conectar con otros de manera efectiva puede abrir puertas que de otra forma permanecerían cerradas.

Ejemplo práctico: Dale Carnegie, autor de Cómo ganar amigos e influir sobre las personas, demostró cómo las habilidades interpersonales pueden transformar vidas. La capacidad de empatizar, escuchar y comunicarte bien con otros es una habilidad que debes seguir desarrollando a lo largo de tu vida.

Aplicación práctica: Inscríbete en talleres de liderazgo, oratoria o inteligencia emocional. Estas habilidades te harán más efectivo en cualquier ámbito, ya sea personal o profesional.

Por qué Reinvertir en Ti Mismo es la Mejor Inversión

Cuando inviertes en ti mismo, los beneficios no solo son financieros. Mejoras tu capacidad para resolver problemas, tomar decisiones más inteligentes y enfrentar los desafíos con confianza. Además, cuando tú creces, todo a tu alrededor crece. Los proyectos que inicias tienen más probabilidades de éxito, las relaciones que cultivas son más sólidas, y las oportunidades que antes parecían imposibles ahora están a tu alcance.

Ejemplo: Elon Musk, CEO de Tesla y SpaceX, es conocido por reinvertir constantemente en sí mismo. Desde aprender cómo programar cuando era adolescente hasta leer extensivamente sobre física, inteligencia artificial y economía, Musk ha aprovechado el poder del autoconocimiento para desafiar industrias enteras. A través de esa inversión personal, ha sido capaz de innovar y liderar en múltiples campos, desde el espacio hasta los automóviles eléctricos.

¿Cuánto deberías invertir en ti mismo?

La respuesta es sencilla: lo máximo posible. Piensa en cuánto dinero gastas en entretenimiento, ropa o gadgets. Ahora, imagina destinar ese mismo monto a cursos, mentores o talleres que te ayuden a mejorar tus habilidades. El retorno de inversión en tu desarrollo personal es incalculable. Mientras que las inversiones tradicionales pueden ofrecerte un 10% de retorno anual, invertir en ti mismo puede multiplicar ese retorno de formas inesperadas, porque tus nuevas habilidades y conocimientos te abrirán puertas que antes no podías ni imaginar.

Ejercicio Práctico: Plan de Reinversión Personal

1. **Autoevaluación:** Haz una lista de áreas en las que sientas que necesitas mejorar. ¿Es tu educación financiera? ¿Tus habilidades de liderazgo? ¿Quizás tu bienestar físico? Sé honesto contigo mismo.

2. **Plan de Inversión:** Establece un plan concreto. Decide cuánto tiempo y dinero vas a invertir cada mes en tu desarrollo personal. Esto puede incluir la compra de libros, inscripciones a cursos o sesiones con un coach o mentor.

3. **Medición de Progreso:** Lleva un registro de cómo estas inversiones están impactando en tu vida. Anota los cambios que estás experimentando, ya sea en tu carrera, tus relaciones o tu bienestar general.

Invertir en Ti es Invertir en Riqueza

La Ley 8: Reinvierte en Ti Mismo es, sin duda, una de las más poderosas en el camino hacia la abundancia y el éxito. Las personas más ricas y exitosas no solo invierten en bienes materiales, sino que invierten constantemente en su propio crecimiento. Cuanto más inviertas en ti, más capacidad tendrás para generar riqueza, oportunidades y bienestar en todas las áreas de tu vida.

No subestimes el poder de la autoinversión. Si alguna vez lo pierdes todo, tu conocimiento será lo único que te permitirá recuperarlo. Cada nuevo conocimiento, habilidad y experiencia que adquieres te acerca más a tus objetivos y te convierte en un mejor creador de tu propio destino. Reinvierte en ti hoy, y observarás cómo todo a tu alrededor comienza a florecer.

Ley 9: Red de Contactos Poderosa: El Valor de las Relaciones Estratégicas

"Si quieres ir rápido, ve solo. Si quieres ir lejos, ve acompañado." – Proverbio africano

El éxito rara vez es alcanzado en solitario. Detrás de cada logro significativo, siempre hay una red de contactos que contribuyó de alguna forma al crecimiento, desarrollo y progreso de las personas exitosas. La Ley 9: Red de Contactos Poderosa nos recuerda la importancia crucial de rodearnos de personas que apoyen nuestro crecimiento, nos desafíen a ser mejores y nos presenten oportunidades que de otra forma nunca habríamos encontrado.

El Poder de las Conexiones

Las personas más ricas y exitosas del mundo saben que sus relaciones son uno de sus activos más valiosos. Tu red de contactos puede abrir puertas que ni siquiera sabías que existían. Mientras que el trabajo duro y la habilidad técnica son esenciales, las relaciones que construyes a lo largo de tu vida pueden ser el impulso que necesitas para alcanzar niveles de éxito inesperados.

Ejemplo: El Círculo de Warren Buffett y Bill Gates

Uno de los ejemplos más conocidos sobre la importancia de las redes de contactos es la relación entre Warren Buffett y Bill Gates. Aunque ambos son gigantes en sus respectivas industrias, fue su amistad la que les permitió compartir ideas, estrategias y oportunidades, impulsando sus éxitos aún más allá de lo que ya habían alcanzado. Esta alianza estratégica ha creado oportunidades para colaborar en proyectos de filantropía y negocios, demostrando cómo una red de contactos poderosa puede multiplicar tu impacto en el mundo.

La Regla de los 5

Se dice que eres el promedio de las cinco personas con las que más tiempo pasas. Si te rodeas de personas que constantemente te desafían, te inspiran y te apoyan en tus metas, inevitablemente comenzarás a reflejar esas cualidades. Si te rodeas de mediocridad, tus estándares también disminuirán. Es por eso que la construcción de una red de contactos sólida y poderosa es clave para tu éxito. No solo te ayudará a crecer profesional y personalmente, sino que también te permitirá pensar más grande, actuar con más confianza y aprovechar oportunidades inesperadas.

Cómo Construir una Red de Contactos Poderosa

1. **Involúcrate en Comunidades Claves** Uno de los primeros pasos para construir una red sólida es unirte a comunidades y grupos donde las personas compartan tus mismos intereses y metas. Esto puede ser desde grupos de networking, asociaciones profesionales o incluso eventos específicos de tu industria.

Ejemplo práctico: Si tu objetivo es mejorar tus habilidades empresariales, únete a asociaciones de emprendedores locales o foros en línea donde puedas intercambiar ideas y aprender de otros que ya han recorrido el camino que tú estás empezando a transitar. Con el tiempo, estas conexiones pueden convertirse en colaboraciones y oportunidades de negocio.

2. **Provee Valor a tu Red** La clave para construir una red efectiva no es sólo recibir ayuda o contactos, sino también **dar**. Las personas exitosas valoran las relaciones en las que ambas partes se apoyan mutuamente. Si proporcionas valor a tus contactos ya sea a través de conocimiento, conexiones o apoyo, serás visto como alguien valioso y confiable.

Aplicación práctica: Dedica tiempo a ayudar a las personas en tu red a alcanzar sus objetivos. Puede ser tan simple como hacer una introducción o compartir recursos útiles.

Con el tiempo, estas acciones crearán un círculo de confianza y reciprocidad.

3. **Asiste a Eventos de Alta Calidad** Participar en eventos exclusivos es una de las mejores maneras de expandir tu red con personas influyentes. Busca conferencias, talleres o reuniones en las que puedas conectar con líderes de tu industria o con personas que tengan metas alineadas con las tuyas.

Ejemplo práctico: Asistir a una conferencia sobre inversión o emprendimiento te permite estar en el mismo espacio que personas que pueden convertirse en mentores, socios o incluso inversores en tus proyectos. La clave aquí es estar siempre dispuesto a aprender y compartir.

4. **Mantén Contacto Regular** No se trata solo de conocer personas y recoger tarjetas de presentación. Para mantener una red poderosa, es vital cultivar esas relaciones con el tiempo. Un simple mensaje de seguimiento, una llamada para ponerse al día o una invitación para un café puede hacer toda la diferencia en mantener esas conexiones fuertes.

Aplicación práctica: Establece una rutina para contactar a personas clave en tu red al menos cada trimestre. Ya sea para compartir novedades, solicitar consejo o simplemente preguntar cómo están, estos pequeños gestos te mantendrán en la mente de tus contactos.

Cómo los Contactos Abren Puertas

1. **Oportunidades de Negocios**
   Muchas veces, las mejores oportunidades no están publicadas en ninguna parte. Son ofrecidas por recomendación a personas que son de confianza dentro de un círculo específico. Tener una red poderosa significa que estarás entre los primeros en enterarte de inversiones clave, asociaciones y oportunidades laborales.

Ejemplo: Howard Schultz, el fundador de Starbucks, atribuye gran parte de su éxito a las relaciones que construyó en sus primeros años. Fue su red de contactos la que le permitió acceder a financiamiento y expandir la marca Starbucks internacionalmente.

2. **Mentores y Consejeros**
   Una red sólida te conecta con personas que han recorrido el camino antes que tú. Ellos pueden ofrecerte sabiduría, consejos y, lo más importante, **alertarte sobre errores que puedes evitar**. Un buen mentor no solo te ahorra tiempo y recursos, sino que también te ofrece una visión más amplia de lo que es

posible.

Ejemplo práctico: Considera la historia de Richard Branson, quien ha mencionado cómo mentores clave lo ayudaron a tomar decisiones cruciales en su carrera. Estos mentores lo guiaron para evitar errores costosos y capitalizar oportunidades.

3. **Acceso a Recursos Exclusivos**
   Las personas que están bien conectadas tienen acceso a recursos que no siempre están disponibles para el público general. Estos pueden ser desde financiamiento especial hasta acceso a expertos en diferentes campos.

Aplicación práctica: Imagina que tienes una gran idea de negocio, pero no sabes por dónde empezar. Una red poderosa puede conectarte con asesores legales, financieros y expertos en marketing que te ayudarán a dar vida a tu idea. Sin una red, esas oportunidades podrían estar fuera de tu alcance.

Ejercicio Práctico: Construye tu Red de Contactos

1. **Haz una Lista de 5 Personas Clave:** Haz una lista de las cinco personas más importantes con las que quieres conectar en el próximo año. Piensa en quiénes podrían ayudarte a alcanzar tus metas o proporcionarte mentoría.
2. **Establece una Estrategia de Contacto:** Decide cómo vas a conectar con estas personas. Podría ser a través de eventos, redes sociales o recomendaciones de amigos en común. La clave es hacer un esfuerzo genuino para construir una relación basada en confianza y valor mutuo.
3. **Aporta Valor de Forma Continua:** En cada interacción, busca formas de aportar valor. Esto podría ser desde una simple recomendación de un libro hasta una conexión con alguien que pueda ser útil para ellos. El networking no es solo recibir, sino taembién dar.

Tu Red es tu Activo Más Poderoso

El valor de una Red de Contactos Poderosa es incalculable. Las personas correctas a tu alrededor no solo te motivarán a seguir creciendo, sino que también te ofrecerán oportunidades que nunca hubieras encontrado por tu cuenta. Al cultivar relaciones valiosas, estarás construyendo un sistema de apoyo que te impulsará hacia el éxito en todas las áreas de tu vida.

Nunca subestimes el poder de las conexiones. Rodéate de personas que te desafíen a ser mejor, que te apoyen y que te brinden nuevas perspectivas. Una red poderosa no solo abre puertas, sino que también te empuja a alcanzar todo tu potencial.

Ley 10: Persistencia y Paciencia: La Clave para una Riqueza Duradera

> "La paciencia y la persistencia
> son las claves que abren
> las puertas del éxito"

El camino hacia la riqueza no es un sprint de velocidad, sino una maratón que requiere resistencia, enfoque y, sobre todo, persistencia. **La Ley 10:** Persistencia y Paciencia nos enseña que la creación de riqueza es un proceso a largo plazo, en el que las recompensas no se ven de inmediato, pero las semillas que plantes hoy pueden florecer en el futuro si te mantienes firme.

La Riqueza se Construye con el Tiempo

La idea de que la riqueza se puede obtener de la noche a la mañana es una ilusión vendida por quienes buscan enriquecerse rápidamente a costa de la ingenuidad de otros. La verdad es que las personas más ricas del mundo han construido sus fortunas con el tiempo, a través de decisiones bien pensadas, una mentalidad estratégica y una visión a largo plazo. Desde inversores hasta emprendedores, todos comparten una característica clave: la perseverancia.

Ejemplo: Warren Buffet

Uno de los mejores ejemplos de persistencia y paciencia es Warren Buffet, quien es famoso por su enfoque en inversiones a largo plazo. Buffet no construyó su fortuna tomando decisiones rápidas o arriesgadas. Por el contrario, eligió inversiones estables, dejó que el tiempo hiciera su trabajo y esperó pacientemente a que su capital creciera exponencialmente. Hoy, su riqueza es una prueba del poder de la paciencia y de la estrategia bien ejecutada a lo largo del tiempo.

Paciencia y el Poder del Interés Compuesto

Un principio fundamental en la creación de riqueza es el interés compuesto, y este concepto se basa completamente en la paciencia. El interés compuesto actúa como un "multiplicador silencioso" que, con el tiempo, puede transformar pequeñas sumas de dinero en grandes fortunas. Sin embargo, este crecimiento no ocurre de la noche a la mañana. Se necesita tiempo, y cuanto más tiempo le des a tu dinero para crecer, más impresionante será el resultado.

Ejemplo práctico: Piensa en una inversión de $10,000 a una tasa de retorno anual del 7%. En un año, habrás ganado $700. Pero si permites que esa inversión siga creciendo durante 20 años sin tocarla, el efecto del interés compuesto hará que esos $10,000 se conviertan en más de $38,000. La magia está en permitir que el tiempo trabaje para ti, no en buscar gratificaciones inmediatas.

La Importancia de la Persistencia

La paciencia, por sí sola, no es suficiente. Necesitas perseverancia: la habilidad de continuar trabajando hacia tus metas incluso cuando los resultados no son visibles de inmediato. La riqueza no se acumula en línea recta. Habrá altibajos, contratiempos y desafíos en el camino. Pero aquellos que siguen avanzando, que se levantan después de cada caída y continúan trabajando hacia sus objetivos, son los que finalmente ven los frutos de su labor.

Ejemplo: Elon Musk

Elon Musk es un ejemplo moderno de persistencia. Antes de que Tesla y SpaceX fueran los gigantes que son hoy, Musk enfrentó numerosos fracasos. Hubo un momento en que SpaceX estuvo a punto de quedarse sin fondos, y tres lanzamientos de cohetes consecutivos fallaron. Sin embargo, Musk no se rindió. Persistió, aprendió de sus errores y continuó invirtiendo en su visión. Hoy, es uno de los empresarios más exitosos del mundo, demostrando que la persistencia es clave para superar obstáculos y alcanzar el éxito a largo plazo.

Cómo Cultivar la Paciencia y la Persistencia

1. **Establece Metas Claras a Largo Plazo** Para mantener la paciencia y la persistencia, es vital que tengas una visión clara de lo que quieres lograr a largo plazo. Define tus objetivos financieros y personales y visualiza cómo será tu vida cuando los alcances. Esto te dará una razón poderosa para seguir adelante, incluso cuando las cosas se pongan difíciles.

Ejemplo práctico: Si tu objetivo es alcanzar la libertad financiera en 10 años, cada acción que tomes, cada inversión que hagas y cada sacrificio que enfrentes estará alineado con esa visión a largo plazo. Mantén tus metas a la vista para recordarte por qué estás trabajando tan duro.

2. **Enfócate en el Proceso, No Solo en el Resultado** La paciencia se cultiva cuando entiendes que el proceso es tan importante como el resultado final. En lugar de obsesionarte con las recompensas inmediatas, concéntrate en mejorar tu mentalidad, adquirir nuevas habilidades y tomar decisiones inteligentes que te acerquen a tus objetivos. El éxito llegará como una consecuencia natural de ese trabajo continuo.

Aplicación práctica: Si estás invirtiendo en el mercado de valores, por ejemplo, no te obsesiones con las fluctuaciones diarias. En lugar de eso, mantén tu enfoque en la estrategia a largo plazo, confía en tu investigación y permite que el tiempo haga su trabajo.

3. **Aprende a Ver los Contratiempos Como Lecciones**
   Los fracasos son inevitables en cualquier camino hacia el éxito. Pero, en lugar de verlos como barreras insuperables, considera cada contratiempo como una lección. La persistencia implica aprender de los errores, ajustar tu enfoque y seguir avanzando con mayor sabiduría. Cuanto más te enfrentes a los desafíos con una mentalidad de aprendizaje, más fuerte y resiliente te volverás.

Ejemplo práctico: Si inicias un negocio y no genera las ganancias esperadas en el primer año, no lo veas como un fracaso total. En lugar de eso, analiza lo que podrías hacer mejor, ajusta tu estrategia y sigue adelante. La capacidad de adaptarse es lo que separa a los emprendedores exitosos de los que abandonan.

Ejercicio Práctico: Cultivar la Persistencia y Paciencia

1. **Crea un Plan a Largo Plazo:** Escribe tus objetivos financieros a largo plazo. Establece plazos realistas y divide tu objetivo en metas más pequeñas y alcanzables. Cada pequeña victoria te motivará a seguir adelante.

2. **Mantén un Diario de Progreso:** Lleva un registro de tus logros, aprendizajes y desafíos. Al observar tu progreso a lo largo del tiempo, podrás ver cuánto has avanzado, lo que reforzará tu paciencia y persistencia.

3. **Celebra las Pequeñas Victorias:** No esperes a lograr el objetivo final para celebrar. Cada paso hacia adelante merece reconocimiento. Celebrar pequeñas victorias te mantendrá motivado y te recordará que estás en el camino correcto.

La Persistencia y Paciencia Son las Llaves del Éxito

La **Ley 10: Persistencia y Paciencia** nos enseña que el éxito financiero y personal no se logra de la noche a la mañana. Es un viaje que requiere tiempo, dedicación y la capacidad de mantener la calma incluso en los momentos difíciles. Los que persisten, los que tienen la paciencia de esperar a que las semillas que plantan crezcan, son los que finalmente cosechan los frutos de su esfuerzo.

La riqueza, al igual que la vida misma, es una maratón, no una carrera corta. La clave está en seguir adelante, en no rendirse y en confiar en que las decisiones correctas, tomadas con tiempo y estrategia, eventualmente llevarán a la abundancia. Como dijo una vez Steve Jobs: "Estoy convencido de que lo que separa a los emprendedores exitosos de los que no lo son es la pura perseverancia."

Toma el Control de tu Futuro Financiero

Has llegado al final de este recorrido, pero en realidad, aquí es donde comienza tu verdadera transformación. A lo largo de este libro, hemos explorado las 10 leyes que gobiernan la creación de riqueza y la mentalidad necesaria para alcanzar la libertad financiera. Desde romper creencias limitantes, hasta reprogramar tu mente para el éxito, pasando por la importancia de la educación financiera continua, estas leyes te proporcionan las herramientas necesarias para cambiar tu vida.

Las 10 Claves de Acción para Alcanzar la Abundancia

1. **Cambia tu mentalidad sobre el dinero.** Elimina creencias limitantes y adopta una visión de abundancia.

2. **Visualiza tus metas financieras.** Al igual que los grandes empresarios, usa la visualización y la autoafirmación para atraer riqueza.

3. **Automatiza tus finanzas.** Desde ahorros hasta inversiones, automatiza tus decisiones financieras para que el dinero trabaje por ti.

4. **Invierte en ti mismo.** La educación continua es la clave para aumentar tu capacidad de generar ingresos.

5. **Sé generoso.** Dar no solo beneficia a otros, sino que abre puertas para nuevas oportunidades y abundancia.

6. **Desarrolla una red de contactos poderosa.** Rodéate de personas que impulsen tu crecimiento y te inspiren a ser mejor.

7. **Cultiva la paciencia y la persistencia.** El camino hacia la riqueza no es fácil, pero aquellos que persisten son los que alcanzan el éxito.

8. **Reinvierte en ti mismo constantemente.** Mantén siempre una actitud de crecimiento personal.

9. **Crea oportunidades.** Busca formas de diversificar tus ingresos, explora nuevos negocios o proyectos que incrementen tus ingresos.

10. **Actúa.** Ninguna ley, por sí sola, es suficiente sin acción. Empieza hoy mismo.

Es Hora de Actuar

El conocimiento sin acción no es más que información vacía. Este es el momento de tomar lo que has aprendido y aplicarlo en tu vida diaria. Las personas más exitosas no son aquellas que simplemente saben más, sino las que actúan de manera consistente y estratégica. Tú ya tienes las herramientas. Ahora depende de ti.

Primeros Pasos para Implementar las Leyes de la Riqueza

1. **Haz una autoevaluación:** Revisa qué creencias limitantes tienes sobre el dinero y cómo puedes reprogramarlas.
2. **Crea un plan de acción:** Define metas financieras claras y establece pasos concretos que te acerquen a ellas.
3. **Automatiza tus ahorros:** Abre una cuenta de ahorro o inversión automática para que cada mes se destine una parte de tus ingresos al crecimiento financiero.
4. **Invierte en tu educación:** Busca un curso, libro o mentor que te ayude a seguir mejorando en el área financiera.
5. **Conecta con personas influyentes:** Empieza a construir una red de contactos que te inspire a ser mejor.
6. **Sé constante:** Mantén la vista en tus metas, sigue el plan y ajusta lo necesario en el camino, pero nunca dejes de avanzar.

Tu Futuro Está en Tus Manos

Recuerda, la diferencia entre aquellos que logran sus sueños y los que no lo hacen radica en **la capacidad de actuar con persistencia y confianza**. No te quedes en la comodidad de lo conocido. Sal de tu zona de confort, pon en práctica las lecciones que has aprendido aquí y comienza a construir la vida de riqueza y libertad que siempre has deseado.

Cada pequeño paso que des hoy te acercará un poco más a la abundancia que mereces. El mejor momento para empezar fue ayer, pero el segundo mejor momento es ahora. La riqueza no está fuera de tu alcance. Está en tu mente, esperando a ser desbloqueada.

Agradecimientos

Quiero tomar un momento para agradecer a todas las personas que me han acompañado en este viaje. A mi pareja W., a mis mentores, quienes me han guiado con sabiduría y paciencia. A mi padre y mi madre que siempre han estado para mí, creyendo y confiando en todo lo que me propongo, mis hermanos y amigos, que siempre me han brindado su apoyo incondicional. Y por supuesto, a ti, querido lector, por haber invertido tu tiempo en leer estas páginas y por comprometerte con tu propio crecimiento. Este libro es tanto mío como tuyo, porque juntos, seguimos en este camino de transformación.

Este libro es solo el comienzo. A lo largo de estas páginas, hemos recorrido juntos un viaje de transformación, de cuestionar nuestras creencias, de entender el poder de la mentalidad y de comprometernos con el éxito. Ahora, el próximo paso está en tus manos. Recuerda que el crecimiento es un proceso continuo y que cada día es una nueva oportunidad para acercarte a tu mejor versión.

Si sientes que este es el momento de ir más allá y profundizar en tu proceso de transformación, estaré encantado de acompañarte. Mi mentoría está abierta para quienes están listos para dar el siguiente paso. Estoy aquí para guiarte, apoyarte y ayudarte a desbloquear todo tu potencial.

Puedes encontrarme en:

Instagram: **@lmfadysaab**

Tiktok: **@lmfadysaab**

Youtube: **@lmfadysaab**

Sobre el autor:

Soy Fady Saab, Licenciado en Marketing, Asesor Financiero, coach apasionado y empresario. A lo largo de mi carrera, he trabajado con cientos de personas y empresas, ayudándoles a desbloquear su verdadero potencial, tanto en el ámbito financiero como en su desarrollo personal. Mi enfoque combina estrategias prácticas con una reprogramación mental profunda, permitiendo a las personas superar sus creencias limitantes y alcanzar metas ambiciosas.

Después de enfrentar mis propios desafíos en el mundo de las finanzas y el emprendimiento, descubrí que el éxito comienza en la mente. Esta experiencia me llevó a dedicarme al coaching y a guiar a otros en su camino hacia la transformación. He tenido el privilegio de asesorar y mentorizar a más de 1000 personas, acompañándolas en su crecimiento y ayudándoles a redefinir su relación con el dinero y el éxito.

www.ingramcontent.com/pod-product-compliance
Lightning Source LLC
Chambersburg PA
CBHW071420220526
45469CB00004B/1363